글쓴이 강무홍

1962년 경주에서 태어나 한국외국어대학교에서 영어를 공부했다.
현재 어린이책 전문기획실 햇살과나무꾼에서 주간으로 일하며 어린이책을 쓰고 있다.
그동안《천사들의 행진》《우리가 걸어가면 길이 됩니다》《소록도 큰할매 작은할매》
《선생님은 모르는 게 너무 많아》《아빠하고 나하고》들을 썼고,《무슨 일이든 다 때가 있다》
《새벽》《괴물들이 사는 나라》《어린이책의 역사》들을 우리말로 옮겼다.

그린이 신민재

대학에서 서양화와 디자인을 공부하고, 광고 회사와 방송국에서 영상 작업을 했다.
지금은 연필과 종이로 조몰락거리며 그림책 작업에 푹 빠져 있다.
그림책《어미 개》《눈다래끼 팔아요》《가을이네 장 담그기》, 어린이책《잘못 뽑은 반장》
《얘들아, 학교 가자》《처음 가진 열쇠》《나에는 꿈이 있습니다》들에 그림을 그렸다.

가진 것이 많을수록 나눌 것은 적습니다

1판 1쇄 발행 2014년 9월 30일 | 1판 3쇄 발행 2018년 5월 11일

글쓴이 강무홍 | 그린이 신민재 | 표지 및 본문 디자인 하늘·민
펴낸이 조재은 | 펴낸곳 (주)양철북출판사 | 등록 제25100-2002-380호(2001년 11월 21일)
편집 박선주 김명옥 | 디자인 육수정 | 마케팅 조희정 | 관리 정영주
주소 서울시 마포구 양화로8길 17-9 | 전화 02-335-6407 | 팩스 0505-335-6408
ISBN 978-89-6372-121-7 77990 | 값 12,000원

ⓒ 강무홍·신민재

카페 http://cafe.daum.net/tindrum | 블로그 http://blog.naver.com/tin_drum
페이스북 www.facebook.com/tindrum2001
이 책은 한국문화예술위원회의 후원을 받아 2012년 토지문화관에서 집필한 작품입니다.
잘못된 책은 바꾸어 드립니다.

어린이제품 안전특별법에 의한 기타표시사항

품명 아동 도서 | 제조자명 (주)양철북출판사 | 제조년월 2018년 5월 11일 | 제조국 대한민국
주소 서울 마포구 양화로8길 17-9 | 연락처 02-335-6407 | 사용연령 8세 이상

가진 것이 많을수록 나눌 것은 적습니다

강무홍 글 | 신민재 그림

양철북

노인은 언제나 혼자였다. 노인은 다 쓰러져 가는 움막에서 혼자 앓으며,
날이 저물면 칠흑 같은 어둠 속에 죽은 듯이 누워 있었다.
어느 날, 그 외로운 집으로 키 작은 수녀와 젊은 수녀들이 찾아왔다.
그리고 때에 찌든 침대와 집 안을 청소하게 해 달라고 부탁했다.
노인은 귀찮고 성가셨다. 아무 희망도 없는 집에 청소가 왜 필요한 것일까.
하지만 작은 수녀는 간곡히 부탁했고, 노인은 결국 허락하지 않을 수 없었다.

수녀들이 집을 치우자 먼지와 어둠에 쌓였던 집에 햇살이 들이치고 맑은 공기가 쏟아져 들어왔다. 작은 수녀는 곧 잡동사니 틈에서 먼지에 쌓인 등잔을 발견했다.
"오, 아름다운 등잔이군요! 예쁜데 왜 안 쓰는 거죠?"
작은 수녀가 묻자 노인이 대답했다.
"수녀님, 이 집에는 아무도 찾아오지 않아요. 아무도 나를 만나러 오지 않고, 가까이 오지 않지요. 그런데 누구를 위해 등불을 켜겠어요?"
작은 수녀는 슬픈 눈으로 노인을 보았다. 그리고 가만히 노인의 손을 잡았다.
"그럼 우리가 찾아오면, 이 등불을 밝혀 주시겠어요? 우리를 위해서."
노인은 눈을 크게 뜨고 작은 수녀를 바라보았다. 그리고 작은 수녀의 손을 꼭 쥐고 말없이 고개를 끄덕였다. 노인의 커다란 눈에 눈물이 그렁그렁 맺혔다.

이튿날부터 수녀들은 해 질 녘마다 노인을 찾아왔고, 노인은 약속대로 등불을 밝혔다.
그리고 몇 달 뒤 작은 수녀에게 편지를 보냈다.
"사랑하는 수녀님, 저 등불이 제 인생을 밝혔습니다. 저 등불은 언제까지나
제 마음속에 빛나고 있을 겁니다."

낡고 버려진 집을 치우고 먼지에 쌓여 있던 등불을 환히 켜게 한 사람.
작은 관심과 사랑으로 아프고 외롭고 가난한 이들의 마음에 희망의 빛을 밝힌 사람.
이 작은 수녀가 바로 '가난한 사람들의 어머니'로 불린 마더 테레사이다.

인도의 로레토 수녀원에서 수녀가 되어 아이들을 가르친 지도 어느덧 15년.
테레사는 오늘도 여학생들과 함께 가난한 사람들을 돌보러 빈민가로 찾아갔다.
당시 영국의 식민지였던 인도에는 가뜩이나 먹을 것도 부족한 데다,
제2차 세계 대전까지 터지는 바람에 많은 사람이 굶거나 병들어 죽어 가고 있었다.
"수녀님, 이상하게도 가난한 사람들 속에 있으면 마음이 따뜻해져요."
빈민가로 함께 가던 어느 여학생의 말에 테레사는 싱긋 웃었다.
어린 여학생의 마음이 무척 고맙고 대견했다.

그런데 캠벨 병원 근처를 지날 무렵, 웬 할머니 한 분이 길바닥에 쓰러져 있는 것이 보였다.
"오, 세상에! 얼마나 굶었는지 뼈밖에 남지 않았구나. 어서 병원으로 모시고 가야겠다!"
테레사는 할머니를 안고 황급히 병원으로 달려갔다.

하지만 병원에서는 할머니를 받아 주지 않았다.
"안 됩니다. 돈이 없으면 입원시킬 수 없어요."
굶주려 죽어 가는 할머니를 앞에 두고, 병원에서는 그렇게 말했다.

테레사는 할머니를 안고 병원 밖으로 나왔다. 수많은 병실에서 수많은 의사와 간호사가 일하는 이 커다란 병원에, 죽어 가는 할머니를 위한 자리는 없었다.
결국 할머니는 거리 한복판에서 눈을 감았다.
자신의 품에서 할머니가 죽은 날, 테레사의 마음은 슬픔으로 가득 찼다.
돈이 없으면 죽어도 좋은가?

테레사는 마음속으로 통곡하며 하느님께 기도를 올렸다. 그러자 슬픈 마음속에서 거룩한 목소리가 들려왔다.
"테레사야, 수녀원을 떠나 가난한 사람들에게로 가거라."
그 목소리는, 1946년 9월 기차를 타고 다르질링으로 피정*을 가던 테레사의 마음속에 또다시 울려 퍼졌다.
테레사는 그 목소리에서 자신의 길을 보았다.
'하느님은 가난한 사람들과 함께 가난하게 살고, 가장 가난한 사람들의 고통 속에서 하느님을 사랑하기를 바라신다.'
마침내 테레사는 모든 것을 버리고 세상에서 가장 가난한 사람들 곁으로 가기로 했다. 수녀가 되기 위해 가족과 조국을 등지고 들어간 곳, 자신의 전부였던 행복한 수녀원을 떠나기로 한 것이다.

*피정 : 가톨릭 성직자나 신자들이 행하는 일정 기간의 수련 생활. 모든 일상생활에서 벗어나 조용한 곳에서 묵상, 성찰, 기도를 한다.

빈손으로 수녀원을 나온 테레사는 먼저 거리에 버려진 사람들을 돌봐 줄 수 있는
장소를 찾아 인도의 공공 기관과 마을들을 찾아다녔다. 하지만 아무도 거들떠보지
않았다. 오히려 가난한 사람들과 같은 마을에 살기 싫다며 테레사를 냉대했다.
이른 아침부터 저물녘까지 테레사는 발이 부르트도록 사람들을 찾아다니며,
먹을 것과 약을 찾아 헤매는 가난한 사람들의 절망과 외로움을 절실히 느꼈다. 한 덩이의
빵과 한 알의 약에 그들의 목숨이 달려 있었지만, 아무도 그들에게 손을 내밀지 않았다.
그러나 테레사는 절망하지 않았다. 가난한 사람들 속으로 자신을 보낸 하느님께서
끝까지 돌봐 주실 것이라고 굳게 믿었다.

마침내 테레사는 인도의 콜카타 관공서 옆 빈터를 얻었다. 그 빈터에 천막을 치고 거리에 버려진 사람들을 돌보아도 된다는 허락이 떨어진 것이다. 테레사는 당장 거리에서 죽어 가던 사람들을 그곳으로 데려와 정성껏 씻기고 먹이고 돌보았다. 그리고 모티즈힐 공원의 살구나무 밑에 학교를 세우고 아이들을 가르쳤다. 가난해서 학교 문턱에도 가 보지 못한 아이들에게 세상을 살아갈 힘을 길러 주기 위해, 볕과 비를 가릴 천막도 없이 맨바닥에 나뭇가지로 사각형을 그리고 알파벳을 쓰면서 가르치기 시작한 것이다.

테레사는 잠잘 시간과 먹을 시간까지 아껴 가며 몸이 부서지도록 일했다. 하지만 돌봐야 할 병자들과 아이들은 너무도 많았다.

어느 날, 그곳으로 여학교 때 테레사와 함께 빈민가에서 가난한 사람들을 돌보던
학생 하나가 찾아왔다.
"수녀님과 함께하려고 왔어요. 수녀님이 저를 사랑해 준 것처럼, 저도 가난한
사람들을 위해 뭔가를 하고 싶어요."
그리고 마치 약속이나 한 듯 제자 몇 명이 잇달아 찾아와 가난한 사람들을 같이
돌보게 해 달라고 했다. 모두가 잘사는 집안 아가씨들이었으나, 가난한 사람들과
함께하기 위해 자신의 모든 것을 버리겠다는 것이었다. 그것은 사랑의 혁명이었다.
공원의 빈터 위로 달빛이 쏟아지는 밤, 테레사는 하느님께 마음 깊이 감사드렸다.
"주님, 가난한 형제들에게 이들을 보내 주셔서 고맙습니다."

테레사와 제자들은 곧 '사랑의 선교회'의 이름으로 '죽어 가는 사람들의 집'을 만들고 거리의 병자들을 데려와 따뜻하게 돌보았다. 온통 구더기가 들끓는 몸으로 거리에서 죽어 가던 사람을 안고 와서 아무렇지도 않게 맨손으로 치료했고, 등뼈만 앙상하게 남은 채 아스팔트에 눌어붙어 있던 사람을 데려와 깨끗하게 씻기고 돌보았다. 모두가 피하고 꺼리는 한센병 환자들과 에이즈로 고생하는 환자들도 제 몸처럼 돌보았다.

그곳에는 언제나 찾아오는 사람들을 누일 침대와 몸을 따뜻하게 해 줄 담요, 배를 채워 줄 밥그릇이 준비되어 있었다. 테레사와 제자들이 바라는 것은 오직 하나, 아프고 외롭고 가난한 사람들에게 자신들의 손길이 닿는 것이었다.

그러던 어느 날 밤이었다.
쾅쾅쾅쾅! 누군가 다급하게 사랑의 선교회 문을 두드렸다.
"우유 좀 주세요. 제발 우리 아기를 살려 주세요!"
문을 열자 비쩍 마른 아낙네가 갓난아기를 품에 안고 눈물범벅이 된 채 울부짖고 있었다.
아낙네는 오랜 굶주림으로 젖이 나오지 않자 수녀원에 찾아가 아기에게 먹일 우유를
달라고 사정했지만, 모두 거절당했다고 했다.
"이 게으름뱅이야, 일을 해! 일자리를 찾으란 말이야!"
그들은 굶주린 아기를 안고 있던 아낙네에게 그렇게 말했다. 젊은 아낙네는
마지막 희망으로 사랑의 선교회 문을 두드린 것이었다.

테레사는 우유를 주려고 조심스레 아기를 받아 안았다. 하지만 굶주림에 지친 아기는 우유를 삼키지도 못한 채 테레사의 품에서 조용히 숨을 거두었다.

테레사는 도저히 십자가를 바라볼 수가 없었다.
'예수님은 우리를 위해 목숨까지 바쳤건만, 우리는 갓난아기에게 젖 한 모금 줄 수 없는 사람들이구나.'
테레사는 고통 속에서 참회의 눈물을 흘렸다. 세상에서 가장 가난한 사람은 누구인가? 그것은 곁에 있는 이웃이 굶주려 죽어 가도 모르는 척하는 사람이 아니던가.

테레사는 밤이면 닫아 두었던 사랑의 선교회 문을 활짝 열었다.
그리고 언제나, 누구든 찾아올 수 있도록 다시는 닫지 않았다.
테레사는 죽은 아기를 떠올리며 '때 묻지 않은 아이들의 집'을 만들고, 어둠 속에
버려진 아이들과 굶주린 채 거리를 떠도는 아이들을 데려와 씻기고 먹여 주었다.
인류를 위해 십자가를 진 그리스도의 사랑을 온몸으로 보여 준 것이다.

테레사는 가난한 사람들 속으로 더 자주, 더 부지런히 찾아갔다. 가난한 사람들 속으로 깊이 들어갈수록, 사랑의 의미는 나날이 새로워졌다.
어느 날, 테레사는 아이들이 며칠째 굶고 있다는 어느 힌두교 가정의 이야기를 듣고 쌀 한 줌을 들고 부리나케 찾아갔다. 그러자 아이들의 어머니는 그 쌀을 반으로 나누었다.
"앞집 아이들도 굶주리고 있거든요. 똑같이 나누어 먹으려고요."
어머니의 말에 오랜 굶주림에 지친 아이들의 얼굴에 뿌듯한 웃음이 떠올랐다.
테레사는 마음속에 환한 등불이 켜지는 것 같았다. 가난에 쪼들리면서도 배고픔을 참고 기꺼이 자신의 것을 나누어 주는 사람들. 테레사는 그들 속에서 쌀 한 톨도 함께 나누는 기쁨을, 나와 같이 굶주리는 이웃을 먼저 돌아보는 사랑을 보았다.

31

콜카타의 어느 거리에서 만난 말라깽이 아이한테서도 테레사는 사랑의 힘을 보았다.
"이 빵을 다 먹고 나서 또 배고프면 어떡해요. 다시 배가 고플까 봐 겁나요."
오랫동안 굶주렸던 아이는 테레사가 준 빵을 눈곱만큼씩 뜯어 먹으며 말했다.
테레사는 가슴이 아팠다. 그래서 아이의 손을 잡고 '때 묻지 않은 아이들의 집'으로 데려가 깨끗하게 씻기고 예쁜 옷을 입혔다.
하지만 아이는 걸핏하면 말도 없이 사라져 버리곤 했다. 테레사와 수녀들은 걱정이 되어 아이를 찾아 나섰다.
그러던 어느 날 나무 밑에서 그 아이를 찾아냈다.
아이는 병든 어머니와 함께 있었다. 허허벌판에 덩그렇게 서 있는 나무 밑에는 오직 짚으로 만든 깔개만 놓여 있을 뿐, 베개도 덮을 것도 없었다. 하지만 그곳에 그 아이의 집이 있고, 사랑하는 어머니가 있었다. 그 평온한 곳에, 아이는 '때 묻지 않은 아이들의 집'에서 받은 빵을 아껴 두었다가 어머니와 함께 먹으려고 가져온 것이다.

아무것도 없는 곳에서도 서로를 사랑하며 살아가는 아이와 어머니의 모습을 보고,
테레사는 스스로에게 되물었다.
'참된 사랑이란 무엇일까……. 내가 있는 곳에서 내가 주고 싶은 것을 주는 것이 아니라,
그들이 있는 곳에서 그들이 필요로 하는 것을 주는 것이 아닐까.'
테레사는 깊은 깨달음을 얻고 가난한 사람들 속으로 더욱더 깊이 들어갔다.

그리고 테레사는 생명이 다하는 순간까지 아프고 외롭고 가난한 형제들을 보살피기 위해
자신의 모든 것을 바쳤다. 덕분에 35년 동안 인도의 콜카타 거리에서만 6만 7천 명이
'죽어 가는 사람들의 집'에서 보살핌을 받았고, 세계 610곳의 사랑의 선교회에서
아프고 가난한 사람들이 무상으로 치료를 받았다. 그리고 모두가 피하고 꺼리는 한센병 환자와
에이즈 환자들은 마음의 평화를 얻고 죽는 순간까지 생명의 존귀함을 간직할 수 있었다.

가난한 사람들을 '하느님의 아름다운 선물'로 여겼던 테레사는, 1997년 9월 5일에
오랜 섬김의 세월을 뒤로 하고 하느님이 계신 집, 천국으로 떠났다. 작은 사랑의 실천으로
인류에게 '서로 사랑하는 법'을 일깨워 준 이 작은 수녀는
"가진 것이 많을수록 나눌 것은 적습니다."라며, 인도의 가장 가난한 여인들이 입는
흰 사리 세 벌과 샌들 한 켤레, 조그만 십자가, 묵주만으로 평생 살았다.

가난한 사람들의 어머니, 마더 테레사

평생을 가난한 이들과 함께한 마더 테레사는 1910년, 저마다 종교가 다른 민족들이 모여 사는 스코페(지금의 마케도니아 수도)에서 태어나 어린 시절을 보냈다. 1남 2녀 중 막내인 테레사는 여덟 살 때 아버지를 여의고 독실한 가톨릭 신자인 어머니 밑에서 자랐다. 테레사의 어머니는 바느질을 하거나 옷을 내다 팔며 힘겹게 세 아이를 키우면서도 가난한 이웃들을 찾아가 몸을 씻겨 주거나 집을 청소해 주고, 먹을 것을 마련해 주었다. 어린 테레사는 어른이 되면 어머니처럼 가난하고 고통받는 사람들을 위로하고 돕겠다고 생각했다. 열여덟 살이 되던 해에 테레사는 하느님의 부르심을 받고 사랑하는 가족을 떠나 수녀원에 들어갔다.

가난한 사람들 곁으로

히말라야 산맥 자락에 있는 로레토 수녀원에서 테레사는 스물한 살의 나이로 수녀가 되었다. 그리고 콜카타(옛 이름 캘커타)에 있는 성 마리아 학교에서 아이들을 가르치는 일을 맡았는데, 일주일에 한두 번은 학생들을 데리고 빈민가로 찾아가 병들고 가난한 사람들을 돌보았다. 하지만 제2차 세계 대전과 인도의 종교 분쟁으로 수없이 많은 사람이 굶주림과 질병으로 죽어 가는 모습을 보면서 자신이 있어야 할 곳이 어디인가 끊임없이 되물었다.

❶ 로레토 수녀원 시절의 마더 테레사
테레사는 18세 때 빈부 격차가 가장 심하고 가난한 사람들이 많이 사는 인도의 로레토 수녀원에 들어가 수련 생활을 하고 21세 때 수녀가 되었다. 가톨릭 학교에서 역사와 지리를 가르치며 수녀 생활을 시작한 테레사는 훗날 하느님의 부름을 받고 1948년에 이 수녀원을 떠날 때까지 이곳에서 아이들을 가르치며 가난한 사람들에게 봉사했다.

❷ 마더 테레사의 거친 손
테레사가 입었던 옷의 흰 빛깔은 거룩함을 상징하고, 파랑 섶은 성모 마리아의 소박함, 왼쪽 가슴의 나무 십자가는 인류를 위해 십자가를 진 그리스도의 고통과 그리스도를 사랑하는 마음을 나타낸다. 테레사의 쪼글쪼글한 주름투성이 얼굴, 거친 손과 발, 몸을 수그리고 병든 사람들을 보살피느라 굽은 등은 평생 가난한 이들을 섬기고 사랑했던 테레사의 삶을 묵묵히 보여 준다.

테레사는 1946년 다르질링으로 피정을 가던 길에 "모든 것을 버리고 하느님을 따라 가난한 사람들 속으로 들어가라."는 내면의 목소리를 들었다. 테레사는 거의 20년 동안 몸담았던 로레토 수녀원을 떠나기로 결심했다. 그때까지 테레사는 수녀로서 학생들만 가르쳤기 때문에 가진 돈이 없었다. 더구나 수녀원을 나왔으니 당장 살 집도 함께할 사람도 없었다. 그러나 테레사는 조금도 두려워하지 않았다. 사랑을 실천하는 일이므로, 하느님이 지켜 주실 것이라고 굳게 믿었다.

테레사는 수녀복을 벗고 인도의 가장 가난한 여인들이 입는 흰 사리를 입었다. 그리고 약 처방법, 주사 놓는 법 등 병자를 간호하는 법을 가장 먼저 배웠다. 이후 인도로 국적을 바꾸고, 쓰레기와 악취로 뒤덮인 콜카타의 가난한 동네를 찾아다니며 아픈 사람들을 돌보고, 거리에 버려진 아이들을 데려와 씻기고 먹이고 가르쳤다. 테레사는 모티즈힐의 작은 공원에서 가난한 아이들을 모아 놓고 땅바닥에 나뭇가지로 글자를 쓰며 글을 가르쳤다. 아이들은 칠판도 책상도 의자도 없는 이 나무 밑 학교에서 세수하고 머리 빗는 법, 몸을 씻고 옷을 입는 법, 학교에 꼬박꼬박 나오는 법, 규칙을 지키는 법도 배웠다. 작은 수녀의 묵묵한 실천으로 쓰레기가 뒤덮였던 가난한 동네는 차츰 깨어났다. 사람들은 칠판으로 쓸 나무판 등 자신이 구할 수 있는 것들을 나무 밑 학교로 가져왔다. 이어 책상, 의자, 칠판, 분필 등이 생겨났고, 교실로 쓸 빈 방도 생겼다.

❸ 선교회 수녀들의 봉사
사랑의 선교회 수녀들은 스스로를 가난한 사람들의 하인으로 여기고 옷도 스스로 빨고, 밥도 하고, 청소를 한다. 항상 둘씩 짝을 지어 다니는데, "두 사람이 한 사람보다 더 지혜롭고, 네 개의 손은 두 개의 손보다 더 많은 일을 할 수 있기 때문"이라고 한다. 1963년에는 남자 수사들로 이루어진 사랑의 선교회 수사회도 만들어져 여자들이 하기 힘든 일들을 맡아서 한다.

❹ 김수환 추기경과 함께
1965년 교황청에서 사랑의 선교회가 세계 모든 지역에서 활동할 수 있도록 허락함에 따라, 베네수엘라를 비롯하여 아프리카와 유럽 등 150여 개 국에 600곳이 넘는 사랑의 선교회 지부가 세워졌다. 우리나라에서는 1981년 5월 마더 테레사가 한국을 방문한 뒤, 김수환 추기경이 사랑의 선교회 수녀를 초청하여 처음으로 만들어졌다. 1982년에 첫 한국인 수녀를 배출했다.

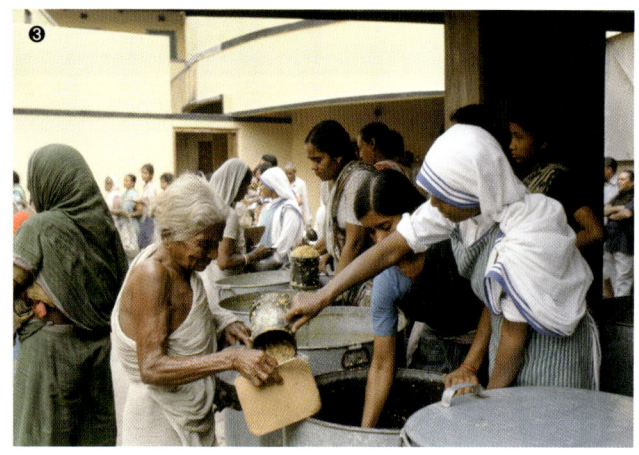

머지않아 뜻을 함께하는 신부와 수녀들의 도움으로 환자를 치료할 수 있는 공간도 생겼다. 테레사는 그곳으로 추위와 굶주림 속에서 피를 토하며 죽어 가는 사람, 온몸에 고름과 구더기가 들끓는 사람, 쓰레기통에 버려진 아이, 하수구에서 쥐와 개미와 구더기에게 물리면서 죽음을 기다리는 사람들을 데려와 악취 나는 몸을 깨끗이 씻기고 보살폈다. "이 가장 작은 이들 가운데 한 사람에게 해 준 것이 바로 나에게 해 준 것이다."라는 그리스도의 말씀과 같이, 아프고 가난한 이들을 하느님처럼 섬기며 지극한 사랑으로 돌보았다.

사랑의 선교회

도움을 바라는 사람들이 늘어날 무렵, 로레토 수녀원의 성 마리아 학교에서 가르쳤던 제자들이 어느덧 어른이 되어 테레사를 찾아왔다. 모두 부유한 집안에서 고생을 전혀 모르고 자란 아가씨들이었다. 테레사는 자신의 거친 손과 초라한 사리를 보여 주며 그 생활이 얼마나 힘든지 이야기했다. 그러나 제자들은 자신들도 가난한 사람들과 똑같이 입고 먹으며 기꺼이 가난한 사람들을 돌보겠다고 했다. 신분 차별이 매우 심했던 인도 사회에서 상상조차 하기 힘든 일로, 테레사는 이것을 '사랑의 혁명'이라고 일컬었다. 이 제자들과 함께 테레사는 '사랑의 선교회'를 꾸려 나가면

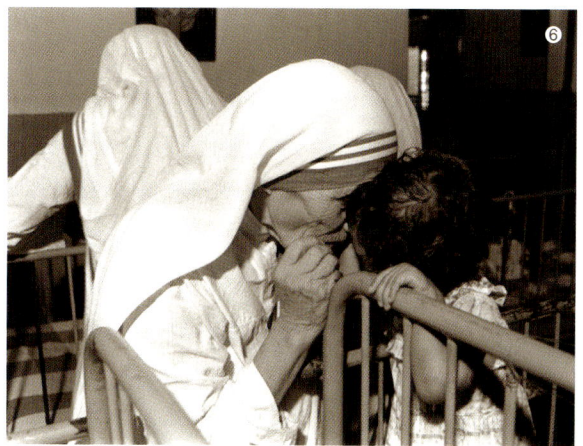

❺ 죽어 가는 사람들의 집,
니르말 흐리다이(Nirmal Hriday)
테레사는 인간이라면 누구나 존엄하게 죽을 권리가 있다고 여기고, 콜카타 시 당국에 부탁하여 1952년 힌두교의 칼리 사원을 개조하여 '죽어 가는 사람들의 집', 니르말 흐리다이를 만들었다. '니르말 흐리다이'는 '순결한 마음의 장소'라는 뜻으로, 보통 '죽어 가는 사람들의 집'으로 불렸다. 테레사는 죽음이란 하느님이 계신 집으로 돌아가는 것이므로 아름다운 것으로 보았다.

❻ 때 묻지 않은 아이들의 집,
니르말라 시슈 브하반(Nirmala Shishu Bhavan)
1955년 마더 테레사가 인도 콜카타에 의지할 곳이 없는 아이들을 위해 만든 곳. 집도 부모도 없이 거리를 떠도는 아이들, 쓰레기통이나 하수구 등에 버려진 아이들, 병들거나 장애가 있는 어린이 등 아무도 돌봐주지 않는 아이들을 이곳으로 데려와 보살폈다. 테레사는 목숨이 얼마 남지 않은 아이들도 데려와 아이가 사랑을 느끼면서 행복하게 죽음을 맞이하게 했다.

서 굶주림과 질병에 신음하는 사람들을 보살피는 데 온 힘을 쏟았다. '사랑의 선교회'의 진심 어린 실천 덕분에 가난한 마을도 차츰 바뀌어 갔다. 가난한 이들이 고맙다고 인사하면, 테레사는 말했다. "제가 주었던 것보다, 저는 훨씬 많은 것을 받았습니다."

테레사와 수녀들은 '죽어 가는 사람들의 집'(니르말 흐리다이)을 만들고 거리에서 병들어 죽어 가는 사람들을 데려와 보살폈다. 몸과 마음이 지칠 대로 지친 그들은 정성 어린 보살핌을 받고 입가에 평화로운 웃음을 떠올리며 죽음을 맞이했다. "나는 평생 더러운 짐승처럼 거리에서 살았습니다. 하지만 지금은 천사처럼 영원한 고향으로 가고 있습니다."

어느 날 '죽어 가는 사람들의 집'에서 가톨릭교를 전파하고 장례도 가톨릭교 식으로 치른다는 소문을 듣고 힌두교인들이 몰려와 테레사와 수녀들을 쫓아내려고 고함을 지르고 돌을 던졌다. 테레사는 자신을 죽여도 좋으니 제발 가엾은 사람들이 평화롭게 죽음을 맞이할 수 있도록 내버려 두라고 맞섰다. 테레사는 사람들에게 결코 가톨릭교를 강요하지 않았으며 임종 때도 가톨릭 방식을 권유하지 않았다고 말했다. 테레사는 "당신은 당신이 믿는 종교의 기도를 하십시오. 나는 내가 아는 기도를 하겠습니다. 다정하신 우리 주님은 어떤 기도도 기쁘게 받아들이실 겁니다."고 말해 왔던 것이다. 결국 테레사와 수녀들을 쫓아내려던 힌두교인들은 말없이 그곳을 떠났다. 그들 가운

❼ **사랑은 가정에서 시작됩니다**

테레사는 세상을 위해 무엇을 해야 할지를 묻는 이들에게 먼저 이웃이나 가정에 불행한 사람, 외로운 사람, 문제가 있는 사람이 없는지를 살펴보라고 말했다. 멀리 있는 사람들을 돕기 전에 가까운 사람들에게 관심을 기울이고 먼저 도와주라는 것이다. 테레사는 사랑과 평화는 가정에서 시작된다면서 '가정에서부터 아이들에게 서로 사랑하는 법, 생명을 존중하는 법을 가르쳐 주기'를 당부했다.

❽ **한센병 환자 재활 센터의 방직 공장**

사랑의 선교회는 구급차를 개조한 이동 진료소로 한센병 환자들을 무료로 치료하고 약품과 생필품도 나누어 주었다. 또 한센병 환자들과 함께 정착촌을 만들고 진료소와 재활 센터, 완치된 한센병 환자들이 일하는 방직 작업장과 농장, 주택 등을 갖추어 한센병 환자들 스스로 공동체를 꾸려갈 수 있게 했다. 한센병 환자들이 만든 사리는 1년에 6천 벌 이상으로, 사랑의 선교회 수녀들에게 공급되고 있다.

데 한 힌두교 사제가 훗날 콜레라에 걸려 사원 담장 밑에서 자신의 배설물 속에서 죽어 가고 있을 때, 테레사가 그 사제를 데려와 구린내와 썩은 내가 진동하는 몸을 깨끗이 씻기고 힌두교 전통에 따라 갠지스 강물로 목을 축이고 자신의 무릎 위에서 평화롭게 숨을 거두게 해 주었다.

세상을 바꾸는 것은 전쟁이 아니라 사랑입니다

테레사는 가난에는 물질적 가난과 정신적 가난이 있는데, 더 심각한 가난은 '사랑의 굶주림'이라고 보았다. 모두에게 버림받았다고 느끼며 끔찍한 고독 속에서 절망하는 정신적 가난이야말로 사람들을 병들게 하고 피폐하게 한다고 여긴 것이다. 실제로 한센병 환자들이 겪는 가장 큰 고통은 가족에게조차 외면당하는 것이었다. 이에 테레사는 사람들을 피해 숨어 살던 400만 명의 한센병 환자들이 떳떳하게 치료받을 수 있는 시설을 만들려고 애썼다. 후원받은 구급차로 이동 진료소를 만들어 캘커타의 모든 마을을 돌아다니며, 한센병 환자들에게 손을 내밀고 치료하고 돌보았다. 1957년, 인도 공산당 지도자이자 서벵골 주지사였던 지오티 바수의 도움으로 한센병 환자 정착촌인 '평화의 마을'(샨티 나가르)을 위한 땅을 마련했고, 1964년에는 교황 바오로 6세가 기증한 차를 팔아 한센병 환자 가족이 함께 살 수 있는 집을 지었다. 이로써 한센병 환자들은 한곳에 뿌리

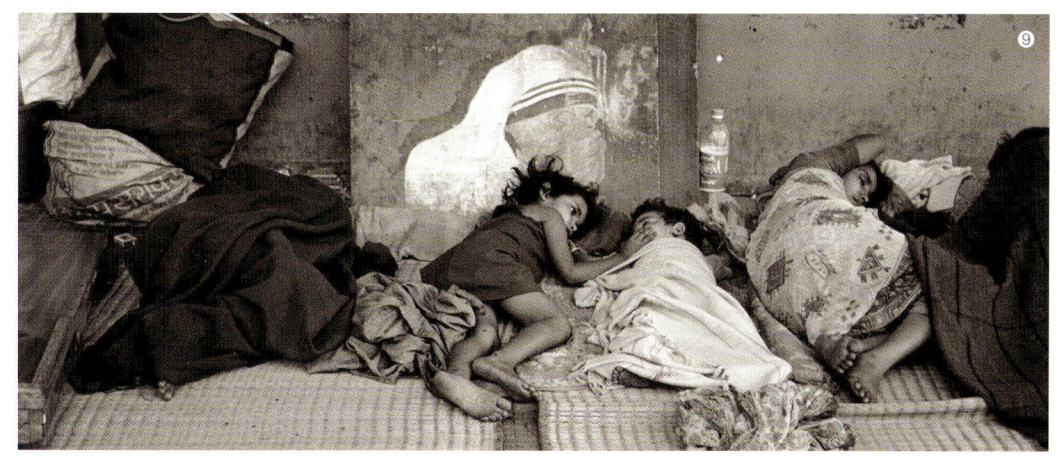

©Raghu Rai/Magnum Photos

❾ 빈민굴의 마더 테레사
테레사는 "허리를 굽혀 섬기는 자는 위를 보지 않는다."며, 몸을 낮추고 가장 낮은 곳으로 찾아갔다. 우리가 가난하다고 여기는 사람들에게 누구보다도 많은 사랑이 있음을 알려 주며, 우리는 모두 똑같은 사람이므로 똑같이 사랑이 필요하고 사랑받을 자격이 있다고 이야기했다. 테레사는 세상이 자신을 두고 성녀라고 일컫자, "만일 제가 성녀가 된다면, 분명 '어둠'의 성녀겠지요. 언제나 어둠에 빛을 밝히러 세상에 내려가 있을 테니, 천국에는 없을 것입니다."라고 말했다.

를 내리고 충분히 치료받고 스스로 일을 하며 먹고살 수 있게 되었다.

테레사는 세상에서 "가장 큰 악은 사랑과 자선의 부족이며, 착취와 부패, 그리고 가난과 질병의 습격을 받으며 길가에 사는 우리 이웃들을 향한 끔찍한 무관심"이라고 말하며, "우리가 사는 이 세상은 어느 때보다도 사랑이 필요하다."고 호소했다.

우리가 서로 나눌 수 있다면 세상에 굶주릴 사람은 없을 것이라고 생각했던 마더 테레사는 무고한 사람들과 어린아이들을 불행하게 만드는 전쟁에 반대하며, 인류가 서로를 사랑하는 마음으로 평화를 일구어 가기를 간절히 바랐다. "세상을 바꾸는 것은 전쟁이 아니라 사랑입니다."라고 테레사는 힘주어 말했다.

가진 것이 많을수록 나눌 것은 적습니다

사랑의 선교회는 사람들의 무관심 속에서 죽어 가던 수많은 생명을 구하며 그들도 우리와 똑같이 사랑받고 존중받아야 하는 고귀한 생명임을 일깨웠다. 그 조용한 실천이 점차 많은 사람의 마음을 움직였다. 테레사와 수녀들이 자신들의 음식마저 가난한 사람들에게 내어 주고 끼니를 굶자, 사람들은 이들에게 빵과 쌀을 보내 주었고, 인도뿐 아니라 영국, 독일, 미국 등 세계 곳곳에서

⓾ 천사에게 준 노벨 평화상
노벨상 시상식 때도 흰 사리와 샌들 차림이었던 테레사는 가난한 사람들의 이름으로 노벨 평화상을 받았다. 인종과 계급과 이념의 벽을 넘어 사랑을 실천하며 평화의 씨앗을 뿌린 이 작은 수녀에게 주어진 상을 두고 세계 언론은 '천사에게 준 노벨상'이라고 칭송했다.

⓫ "내가 너희를 사랑한 것처럼, 너희도 서로 사랑하여라."
1997년 9월 13일, 테레사의 장례식이 치러지던 날, 테레사가 지극한 사랑으로 보살폈던 아프고 가난한 사람들, 장애인과 한센병 환자, 거리를 떠도는 집 없는 사람들, 세상에서 소외받고 차별받는 많은 이들이 테레사의 시신을 실은 장례차를 따라가며 꽃을 던지면서 이 가난한 이들의 어머니가 떠나는 마지막 길을 배웅했다.

후원금을 보내 주었다. 나아가 수많은 사람이 '죽어 가는 사람들의 집'과 '평화의 마을', 알코올 중독자 치료 병원, '때 묻지 않은 아이들의 집' 등으로 찾아와 자원봉사를 했다.

　1979년 일흔을 앞두고 노벨 평화상을 받게 되었을 때, 테레사는 자신은 어떤 상도 받을 자격이 없지만 가난한 사람들과 사랑받지 못하는 사람들, 소외된 사람들을 대표하여 그 상을 받겠다고 밝혔다. 그리고 노벨상 수상 상금을 한센병 환자 치료 센터 건립 기금으로 내놓으며, 사람들에게 축하 선물을 보내는 대신 아프고 가난한 이들을 위하여 기부해 달라고 호소했다. 세계 곳곳에서 어린아이부터 노인에 이르기까지 온갖 사람들이 보내 준 기부금이 들어왔다. 그 가운데 테레사가 가장 기뻐했던 선물은 그날 자신이 구걸한 것을 모두 바친 거지의 기부금이었다. 사람들은 남는 것을 선물했으나, 그 거지는 자신의 전부를 선물했기 때문이었다.

　평소 기부에 대해 "남는 것을 내게 주지 마십시오. 나는 여러분 양심의 진정제가 되고 싶지 않습니다. 나는 당신이 아끼고 소중하게 여기는 것을 받고 싶습니다. 가난한 사람들의 고통과 가난을 함께 나눌 의지를 가지고 주기를 바랍니다."라고 이야기했던 테레사는 물질적으로 더 많은 것을 가지려 하는 탐욕의 시대를 향해 경고한다.

　"우리가 가진 것이 많을수록 나눌 것은 적습니다."

제게 세상이 아무것도 아니게 하시고, 세상에 제가 아무것도 아니게 하소서

하느님의 몽당연필로서 세계 곳곳을 누비며 온 몸과 마음을 다하여 아프고 가난한 이들에게 헌신했던 성녀 테레사는 여든일곱 살 때인 1997년, 하느님의 부르심을 받고 심장마비로 세상을 떠났다. 탐욕의 시대에 사랑으로 세상을 바꾸자고 이야기했던 가난한 사람들의 어머니 마더 테레사는 평생 그 작은 몸으로 아픈 사람들을 안고 뛰고, 손수 씻기고, 먹이고, 재우고, 병들고 가난한 이들을 위해 손수 돌을 날라 집을 짓고, 자신의 모든 것을 바쳐 그들을 돌보았다. 그리고 그 소박한 진심이 오직 그들을 사랑하는 마음에서 비롯되었음을 온몸으로 보여 주며 자신이 언제나 가난한 이들의 곁에서 한결같은 사랑으로 함께하기를 간절히 바랐다.

"제게 세상이 아무것도 아니게 하시고, 세상에 제가 아무것도 아니게 하소서. 이 옷을 입으면서 제가 세례 때 입은 제의를 떠올리게 해 주시고, 오늘 죄 없이 깨끗한 마음을 간직하게 해 주소서."

가장 낮은 곳에서 사랑을 실천했던 테레사는 우리 모두가 가난한 이웃을 사랑하기를, 그리하여 가난과 질병과 고독과 소외 속에 혼자 앓고 혼자 죽어 가는 이가 없기를 간절히 바랐다. 비록 세상에는 헤아릴 수 없을 만큼 많은 고통과 소외와 불평등이 존재하고 이것을 극복하려는 우리 하나하나의 실천은 미약할지라도, 이 미약한 실천이 결국 세상을 희망 있는 곳으로 바꾸어 나가리라 믿었기 때문이다.

"우리가 하는 일은 넓은 바다의 물 한 방울에 지나지 않습니다. 그러나 우리가 그 일을 하지 않으면 바닷물은 그 한 방울만큼 모자랄 것입니다."

양철북 인물이야기 시리즈

1. 천사들의 행진_야누슈 코르착
2. 자유의 노래_마틴 루터 킹
3. 세상을 바꾼 학교_페스탈로치
4. 우리가 걸어가면 길이 됩니다_파울루 프레이리
5. 가진 것이 많을수록 나눌 것은 적습니다_마더 테레사